Escrita por Woody Guthrie
Ilustrada por Vera Rosenberry

Traducido por Alma Flor Ada

GoodYearBooks

Me voy a envolver con papel.

Me voy a pegar con goma.

Me voy a poner sellos
en la cabeza.

Y me voy a poner tu dirección.

Me voy a atar con
cordel rojo.

6

Me voy a atar cintas
azules también.

Y voy a treparme al buzón de mi
casa. Y me voy a enviar por correo.